OBSERVATIONS

SUR

L'ENSEIGNEMENT MUTUEL

APPLIQUÉ A LA MUSIQUE.

OBSERVATIONS

SUR

L'ENSEIGNEMENT MUTUEL

APPLIQUÉ A LA MUSIQUE.

L'APPLICATION qu'on a fait, dans ces derniers temps, de l'enseignement mutuel à la musique, m'a engagé à examiner jusqu'à quel point cette méthode, qu'on a tort de regarder comme nouvelle, est applicable à cet art, et si l'enseignement en masse est préférable pour le chant à l'enseignement isolé. En examinant cette importante question, je me suis permis de faire des observations sur quelques abus introduits dans la musique, et je prie le lecteur qui voudra bien jeter un coup-d'œil sur mon travail, de se rappeler qu'en ma qualité d'étranger, je réclame son indulgence sur la rédaction et sur le style.

L'application de l'enseignement mutuel à la musique est très-ancienne; elle se pratiquait dans les conservatoires de Naples, fondés successivement depuis 1537 jusqu'à 1589, avec les noms de *Santa-Maria di Loreto*, de *Pietà de' Turchini*, de *Santo-Onofrio*, et de *Poveri Jesu-Christi*. Le dernier fut supprimé en 1715, par le cardinal Spinelli, archevêque de Naples, pour établir dans son local un séminaire diocésain, et les élèves furent dispersés dans les autres conservatoires. En 1797, le gouvernement ayant besoin du local de *Loreto*, pour une caserne, il renvoya les élèves dans le local de *Santo-Onofrio*, qui prit alors le nom de conservatoire de *Loreto*; et en 1806, on forma, avec ce conservatoire et celui de la *Pietà de' Turchini*, un seul collége de musique organisé sur un grand pied, dans lequel on établit une classe séparée de chant pour les jeunes demoiselles, rappelant ainsi une utile institution qui avait eu lieu dans le conservatoire de *Loreto*, de 1537 jusqu'à 1565.

La musique d'église paraît avoir été l'objet principal de ces institutions; aussi les conservatoires étaient régis comme les séminaires, et chaque conservatoire avait une église publique servie par les élèves de l'établissement. Ces élèves avaient les cheveux coupés; ils portaient un petit col de rabat (1), et étaient habillés en soutane et simarre de laine de différentes couleurs. Ceux de *Loreto* se distinguaient par la couleur blanche; ceux de *Santo-Onofrio* avaient la soutane blanche, et la simarre carmelite; ceux de la *Pietà* étaient en bleu de ciel foncé, et ceux de *Poveri Jesu-Christi* avaient le rouge pour couleur distinctive; mais par la suite, on supprima le petit col de rabat, on

---

(1) Ce petit col leur avait fait donner le nom de *Preterelli* (petits prêtres). Plusieurs d'entre eux se destinaient au sacerdoce, même en professant la musique.

laissa croître les cheveux , et les élèves ne furent plus connus généralement que sous le nom de *Conservatoristi*. Nous ajouterons que chaque conservatoire était gouverné par un comité composé d'un magistrat nommé *Delegato*, d'un avocat, de deux riches particuliers, et d'un prêtre, qui prenait le titre de recteur et demeurait dans la maison.

Les enfants étaient reçus dans chaque conservatoire à l'âge de huit à dix ans , et ils prenaient ordinairement l'engagement d'y rester huit ou dix ans; ce temps n'était pas de rigueur pour ceux qui, plus avancés en âge, et ayant déjà assez de connaissances, obtenaient d'entrer au conservatoire pour y achever leurs études.

Outre les élèves , dont le nombre était fixé, il y avait, dans chaque conservatoire, des pensionnaires étrangers qui, moyennant une certaine rétribution annuelle, demeuraient avec les autres ; mais ils étaient libres de quitter la maison quand bon leur semblait (1).

Les élèves, sous le rapport de l'instruction musicale , étaient divisés par classes, qu'on peut réduire aux suivantes : la classe des éléments, y compris le solfège ; celle du chant ; celle des partimenti (2) ; celle du contrepoint ; enfin, les classes des instruments à

---

(1) Parmi les étrangers qui sont sortis de l'école de Naples , l'on compte *Hasse*, dit le Saxon, qui fut élève d'*Alexandre Scarlati ; Langlé*, membre du Conservatoire de Paris, élève de la *Pietà de' Turchini; Gresnik*, qui est sorti de *Santo-Onofrio*, sans compter *Grétry*, élève de *Casali*, à Rome, et tant d'autres.

(2) Exercice sur la basse chiffrée et non chiffrée , pour accompagner sur le piano, ou sur les orgues, les voix sans autre instrument

I .

touches, à cordes, et à vent. Les voix étaient classées en *soprano* (dessus), *alto* (haute-contre), *tenore* (taille), et *basso* (basse-taille); et chaque espèce de voix formait une classe à part.

Il y avait des maîtres externes, payés par chaque conservatoire, qui ne communiquaient qu'avec les élèves supérieurs de chaque classe (1), outre les maîtres d'écriture et de langue latine.

Lorsque la cloche annonçait l'arrivée d'un maître, par exemple, du maître de contrepoint, les élèves supérieurs de la classe se rendaient, avec leur *cartella* (2), au lieu destiné; le maître examinait soigneusement chaque *cartella*, et les corrigeait toutes, l'une après l'autre, en présence de tous les élèves de la classe. Les autres maîtres suivaient la même marche dans leurs classes respectives, avec les élèves supérieurs.

Les maîtres externes ne travaillant qu'avec les élèves supérieurs dans des locaux particuliers, la masse des élèves inférieurs était obligée de se réunir dans un grand salon, pour se livrer chacun à son travail particulier. Au premier abord, l'on conçoit difficilement comment les élèves pouvaient exécuter, sans se confondre, des morceaux différents par le mouvement, par le style, par le ton, au milieu du bruit qui résultait de leur réunion; et je tiens de Fenaroli, que,

---

(1) Les maîtres externes provenaient presque tous des élèves supérieurs du Conservatoire.

(2) Grosse toile vernie et rayée comme le papier de musique, sur laquelle on pouvait écrire et effacer la musique à volonté.

lorsque Joseph II, empereur d'Autriche, visita le conservatoire de Ste - Marie de Loreto, il ne manqua pas d'en faire la remarque. On lui fit observer que la confusion occasionée par le grand nombre de voix et d'instruments dans le même local, produisant une espèce de bourdonnement par des sons indistincts et inappréciables à l'oreille, laissait à chaque élève la faculté de s'occuper entièrement de son objet; ce qui ne pourrait pas avoir lieu, s'ils étaient seulement au nombre de deux, ou de trois, parce que, dans ce cas, les sons étant distincts et appréciables, l'attention des élèves serait à chaque instant détournée (1).

Parmi les élèves supérieurs, il y en avait un certain nombre qui étaient désignés sous le nom de *Mastricelli* (2), et qui instruisaient les élèves inférieurs des classes respectives. En général les élèves les plus forts remplissaient les fonctions de maîtres vis-à-vis des plus faibles, et par ce moyen, les leçons se transmettaient d'élève à élève. Ainsi le travail les occupait toute la matinée : à midi, la cloche annonçait le dîné, et les élèves se rendaient dans le réfectoire ; l'après-dîné, ils étaient en récréation. Le soir, on faisait l'appel nominal, et ceux qui passaient la nuit dehors sans permission, étaient punis le lendemain.

---

(1) Voyez la description du conservatoire de Santo-Onofrio, dans le Dictionnaire des Musiciens, de Fayolle, et l'Histoire générale de la Musique, de Burney.

(2) Diminutif de *maître*. On désigne par ce nom les seconds maîtres ou les chefs de classe.

Un examen, en présence de tous les maîtres externes, avait lieu tous les ans. C'étaient les élèves inférieurs qui étaient soumis aux épreuves les plus rigoureuses, pour voir quels progrès ils avaient faits sous la direction des élèves supérieurs. Les négligents étaient punis ; on renvoyait ceux qui n'avaient pas les dispositions nécessaires pour la musique, ou qui n'aimaient pas le travail ; on encourageait par de petites récompenses ceux qui se distinguaient par leurs progrès, et on avait grand soin des élèves orphelins.

Dans les premières années, les élèves solfiaient sans chanter ; ils nommaient seulement les notes, et battaient la mesure. Lorsque la voix était formée, après l'époque critique où chaque voix mue chez les deux sexes, on les faisait solfier séparément, et en chantant ; car on était persuadé qu'on ne pouvait juger de la justesse d'une voix, et qu'on ne pouvait connaître et corriger ses défauts, qu'en la faisant chanter seule. Pour affermir les élèves dans l'intonation, on les exerçait dans des morceaux d'ensemble, sans le secours des instruments. Enfin, il était permis aux compositeurs externes de faire répéter leur musique dans les conservatoires, et ces répétitions contribuaient beaucoup à exercer les élèves, et à former leur goût et leur jugement.

Après l'exercice du solfége, qui durait aussi longtemps que les maîtres le jugeaient nécessaire, chaque élève se décidait, selon ses dispositions, ou pour le chant, ou pour la composition, ou pour quelqu'un des instruments. Ils s'exerçaient en même temps à écrire la musique, en copiant leurs leçons, ou celles des autres ; et par ce moyen, les principes et les règles de l'art se gravaient dans leur esprit.

Cette espèce d'enseignement mutuel entretenait l'émulation parmi les élèves, et mettait les maîtres à même de corriger les défauts de chacun ; correction d'autant plus utile, qu'elle était une leçon pour les élèves de toute la classe.

Nous avons dit qu'il était permis aux compositeurs externes de faire répéter leur musique dans les conservatoires ; et nous avons fait entrevoir que l'on devait retirer de grands avantages de cette pratique. Mais il y avait un autre grand moyen pour exciter l'émulation des maîtres et des élèves, le jugement du public, qui était appelé très-souvent à prononcer dans des espèces de concours, qui s'établissaient entre les trois conservatoires. Chaque année ils étaient obligés, pendant neuf jours, de faire alternativement de la musique dans l'église des Pères minimes de St.-François de Paule, en l'honneur de sainte Irène et de saint Emidio.

Les trois premiers élèves de la classe des compositeurs de chaque conservatoire, étaient obligés de composer chacun une messe à grand orchestre, un grand motet avec des *solo*, et des chœurs pour les vêpres.

Dans le mois de mai, les trois conservatoires étaient obligés d'accompagner la procession de saint Janvier, où l'on chantait un chœur que l'on nommait *Flotta*, composé par un des premiers élèves ; et l'on exécutait un quatuor, espèce de symphonie concertante dite *Corrente* (1), qui était composée par le premier élève de la classe des violons. Dans l'été ils allaient tous les soirs alternativement à la *Villa reale* (2), jouer des symphonies et des nocturnes.

Pendant le carnaval on jouait de temps en temps, dans les conservatoires, des *intermèdes* et des *opera-buffa*, et, de mon temps, on a représenté les *Quattro Pazzi* (les Quatre Fous), de Zingarelli, dans le conservatoire de Loreto ; l'*Archetiello* (3), de Tarchi, dans le conservatoire de la Pietà ; l'*Allegria disturbata* (la Gaîté troublée), de Furno, dans le conservatoire de St-Onofrio.

Enfin, les musiciens des conservatoires étaient souvent appelés pour les cérémonies religieuses que l'on célébrait dans les églises de la capitale et du royaume, dans les processions et services funèbres, dans les concerts chez les particuliers ; ils chantaient dans les chœurs du grand théâtre de St-Charles, etc., etc.

Une institution si bien concertée, et si bien dirigée, ne pouvait pas manquer de donner de très-grands résultats, et il n'est pas surprenant que les conservatoires de Naples aient été la pépinière des bons maîtres, et des bons musiciens. Qu'il me soit permis de

---

(1) On appelait *flotta* le chœur, parce qu'il était exécuté par un très-grand nombre d'élèves ; et la symphonie était appelée *corrente*, parce qu'on l'exécutait en marchant.

(2) Jardin royal, au bord de la mer, à Chiaja.

(3) Lieu de plaisance aux environs de Naples, où se réunissent les amis de la joie.

rappeler les noms de *Scarlati*, *Durante*, *Leo*, *Porpora*, *Feo*, *Vinci*, *Pergolesi*, *Abos*, *Jommelli*, *Piccini*, *Sacchini*, *Traetta*, *Logroscino*, *Manna*, *Speranza*, *Tarentini*, *Perez*, *Fenaroli*, *Conforti*, *Sabatini*, *Labarbiera*, *Venturi*, *Giordaniello*, *Santucci*, *Valenti*, *Tritta*, *Anfossi*, *Gazaniga*, *Elia*, *Guglielmi*, *Paesiello*, *Monopoli*, *Amiconi*, *Zingarelli*, *Spontini*, *Azzopardi*, *Tarchi*, *Furno*, *Farinelli*, *Bianchi*, *Cimarosa*, etc., etc., etc. De cette même école sont sortis les plus célèbres chanteurs, tels que *Ferri* (Balthasar), *Farinelli*, *Cafarelli*, *Huberti* (1), *Aprile* (2), *Millico*, *la Gabrielli*, etc., etc.; outre un grand nombre de compositeurs amateurs, parmi lesquels on distingue le *prince de Venosa* pour les madrigaux, le *père Raymi* pour les psaumes et les motets à quatre chœurs, accompagnés seulement par l'orgue, etc. (3)

A l'époque à laquelle *Leo* et *Durante* dirigeaient l'un le conservatoire de la *Pietà*, l'autre ceux de *Loreto* et de *St-Onofrio*, deux grands partis se formèrent à Naples, celui des *Leisti* et celui des *Durantisti*. Ils

---

(1) Surnommé *Porporino*, du nom de Porpora, son maître.

(2) On l'a appelé *Sciroletto*, parce qu'il avait été élève de Sciroli, à Santo-Onofrio.

(3) Les plus beaux jours des conservatoires de Naples sont passés ; depuis la réunion des trois conservatoires en un seul, on a vu cesser, au détriment de l'art, cette noble émulation qui existait entre les élèves et entre les conservatoires. C'est sans doute une des causes du peu de progrès que fait aujourd'hui la bonne musique, et du mauvais goût qui s'introduit dans cet art et qui l'éloigne de sa véritable splendeur.

n'étaient point d'accord sur le système de la composition ; les *Leisti* tenaient à la richesse des accords, et les *Durantisti* visaient à la modulation et à l'effet, comme plus conformes aux lois de l'harmonie et de la nature. C'est ce dernier parti qui a triomphé.

Ces discussions nous rappellent les controverses qui eurent lieu dans les anciens temps, entre les Pythagoriciens et les Aristoxéniens, sur le même objet. L'école de Pythagore, établie à Crotone, suivait un système trop rigoureux. Aristoxène, de Tarente, modifia la sévérité des principes du philosophe de Samos, et les traces de leur musique existent encore dans les chansons nationales des villes de la Grande-Grèce, aujourd'hui Calabre, dont le genre souvent chromatique nous porte à croire que ces chansons sont un reste des modes dorien, phrygien et lydien. Cette digression n'est pas entièrement étrangère à notre sujet ; car si l'on pouvait suivre les anciennes traditions, on verrait, peut-être, que les écoles de la Grande-Grèce ont exercé une grande influence sur les premières écoles de musique établies à Naples. Nous pourrions ajouter plusieurs autres choses importantes sur l'école de cette capitale ; nous savons qu'elle a toujours joui d'une grande célébrité depuis la renaissance de la musique en Italie ; qu'elle a toujours suivi le système de *Guido d'Arezzo*. Nous pourrions citer les ouvrages de *Marchetto da Padova*, dédiés au roi Robert, en 1283 ; ceux de *Jean Tintoris*, dédiés au roi Ferdinand d'Aragon, fondateur de la première académie de musique à Naples ; ceux de *Rocco Rodio*, ur la composition, publiés en 1589 et en 1626; ceux de *Scipione Cerreto*, sur la pratique vocale et instrumentale, qui parurent en 1601. Enfin, nous pourrions ajouter qu'*Alexandre Scarlati*, compositeur du dix-septième siècle, et chef de l'école moderne napolitaine, *Porpora* et *Leo*, qui réunissaient à la science musicale un goût exquis pour le chant, ont tellement enrichi la musique par la variété et l'excellence de leurs productions, que beaucoup de traits qu'on admire dans les compositeurs modernes, ont été tirés des cantates de *Scarlati* et de *Porpora*, et des solfèges de *Leo*.

Or, puisqu'on a parlé de *Guido*, auquel quelques savants attribuent l'invention du contrepoint, et qui sans doute a été l'inventeur des signes particuliers qui ont formé la langue musicale, devenue presqu'universelle dans toute l'Europe (1), jetons un coup-d'œil sur la manière dont on a procédé à l'enseignement musical, avant de développer notre idée sur l'influence que peut exercer, dans l'étude de la musique, l'enseignement mutuel.

Guido, après avoir examiné le systême des anciens, en imagina un autre. Il substitua aux cinq tétracordes des Grecs, trois hexacordes, appelés Propriété de *Nature* de *B molle* et de *B quadro*, et s'appliqua spécialement à enseigner la lecture de la musique. Il susbtitua aussi aux lettres employées jusqu'alors pour noter la musique, des points posés sur des lignes

______

(1) Rousseau, Dictionnaire de Musique (V. Caractères de Musique).

parallèles, et dans leurs espaces ; il plaça à la tête des lignes les trois lettres *C, F, G,* qui déterminaient la clef de chacune des trois propriétés ; et pour solfier, il se servit de six syllabes, *ut, re, mi, fa, sol, la,* tirées, comme chacun sait, de l'hymne de saint Jean-Baptiste, qu'il adapta aux six cordes de chaque hexacorde. Enfin, pour en faciliter l'exécution aux enfants, il leur expliquait la distance et la position des sons, par les jointures des doigts, sur une figure qui représentait la main gauche. Par cette méthode, il rendait, pour ainsi dire, l'instruction matérielle, et offrait aux élèves un instrument qui, étant toujours à leur disposition, leur fournissait le moyen de fixer leurs idées, et de s'instruire réciproquement ; c'était par cette main harmonique que les élèves réglaient leur chant et leur intonation, première idée d'une école normale pour la musique.

On rendit par la suite les points plus gros ; et d'on multiplia, selon le besoin, les lignes et les espaces. Or, comme la position et la marche des sons était désignée par les notes, ainsi les rapports de leur durée étaient marqués par leurs différentes figures.

Dans le seizième siècle, *Ericius Dupuis* voulut rectifier le système de *Guido* ; il changea les hexacordes en heptacordes, et ajouta aux six notes la syllabe *bi,* qui, par la suite, fut remplacée par la syllabe *si* (1).

---

(1) Plusieurs syllabes ont été employées par les différents auteurs pour indiquer la septième note de l'échelle, savoir : *bi, ci, di, ni, si, sa, za;* mais le *si* a prévalu en France, et a été même adopté dans quelques écoles d'Italie. Éricius Dupuis avait adopté la syllabe *bi,* tirée du

Cette innovation rendit plus facile la manière de solfier, évitant l'embarras des *muances*, qui avait lieu
dans le passage d'un hexacorde à l'autre, par le chan-
gement des syllabes, soit en montant, soit en descendant, selon les diverses positions des deux semi-
tons de l'octave, et selon les différentes routes pour y
arriver; mais il restait encore d'autres inconvénients
plus aisés à connaître qu'à corriger.

Plusieurs tentatives ont été faites jusqu'à nos jours,
pour fixer le nombre et la nomenclature des syllabes
de la gamme, mais sans succès. Au temps de *Jean de
Muris*, c'est-à-dire, dans le quatorzième siècle, on
solfiait à Paris avec les six syllabes *pro*, *to*, *do*, *no*,
tu, *a*. Dans le dix-septième siècle, *Bontempi*, grand
partisan du système des Grecs (1), proposa de réduire

---

même hymne de saint Jean-Baptiste, qu'il ajouta aux six syllabes re-
çues: *ut, re, mi, fa, sol, la*. (Pallas Modulata, p. 54.) Giambattista Doni,
in Progisnast. musicæ partis vet. rest., lib. II, p. 245, dit,
qu'avant Ericius Dupuis on avait ajouté deux syllabes, *si* et *o*,
pour compléter les huit degrés de l'échelle; et il est probable que
de la lettre *o* a pris origine la syllabe *do*, substituée à *l'ut* dans le
solfège, comme étant plus propre à la vocalisation. En Allemagne,
on solfie avec les huit premières lettres de l'alphabet latin, et l'on
emploie la lettre *h* pour le *si* bécarre, qui n'est que *b* lorsqu'il est bémol. Pour les autres notes dièzées ou bémolisées, on ajoute
une *s* à la lettre, et on prononce cette *s*. *is*. Le P. Banchiéri, italien, dans
sa *cartella di musica*, appelle la septième note *bi* par bécarre, et
ba par bémol.

(1) Les Grecs n'avaient que quatre syllabes pour solfier; savoir:
τᾱ, τε͂, τῆ, τῶ. Bontempi, Storia della Musica, pag. 185. —
Rousseau, Dict. de Mus., art. *Solfier*.

à quatre les syllabes de l'école italienne, *mi*, *fa*, *sol*, *la*; c'est la manière de solfier en Angleterre. *M. Sauveur* changea la manière de noter et de solfier; il nommait les huit notes de l'octave par les syllabes *pa*, *ra*, *ga*, *da*, *so*, *bo*, *lo*, *do*. M. *de Boisgelou*, pour remédier à l'embarras des notes altérées par dièze ou par bémol, anéantit les bémols et les dièzes, en ajoutant aux sept notes de l'Aretin cinq notes qui complètent le systême chromatique de douze sons; ces noms, avec les anciens, sont : *ut* (*de*), *re* (*ma*), *mi*, *fa* (*fi*), *sol* (*be*), *la* (*sa*), *si*. M. Zondadari, italien, en imagina d'autres, savoir : *ut* (*pa*), *re* (*bo*), *mi*, *fa* (*tu*), *sol* (*de*), *la* (*no*), *si*. Rousseau, dans sa dissertation sur la musique moderne, propose de remplacer les sept notes par les sept chiffres 1, 2, 3, 4, 5, 6, 7. M. Framery propose, pour les sons bécarres, des syllabes terminées en *a*; il change l'*a* en *e* pour les sons dièzes, et en *o* pour les sons bémols. M. Suremain Missery, dans sa *théorie acustico-musicale*, pour démontrer les rapports harmoniques entre les sons, augmente les notes jusqu'à dix-huit. M. Choron, si connu par ses ouvrages, et qui a été le premier à établir à Paris une école normale de musique, veut, comme M. Framery, que les notes de la gamme primitive terminent en *a*; celles qui sont altérées par de dièze, en *e*, et celles altérées par le bémol, en *o*. Enfin, tous les jours l'on propose des innovations, et l'on continue cependant à solfier avec les simples notes *ut* ou *do*, *re*, *mi*, *fa*, *sol*, *la*, *si*, sans addition de voyelles ni de consonnes, ni d'autres monosyllabes. *Le public,* dit Rousseau, à l'article *Notes* de son Dictionnaire de Musique, *sans discuter beaucoup l'avantage des signes qu'on lui propose, s'en tient à ceux qu'il trouve établis, et préférera toujours une mauvaise manière de savoir, à une meilleure d'apprendre.*

Cependant, on n'est pas moins frappé tous les jours des inconvénients produits par la multitude des signes et de leurs combinaisons, par la diffusion et le volume des caractères, par le peu de précision des intervalles, etc. Il faut espérer que l'on parviendra à aplanir ces difficultés par des améliorations insensibles, sans bouleverser brusquement les signes qui sont actuellement en usage ; c'est le seul moyen de réussir. L'enseignement en retirera un très-grand avantage, car plus les signes sont multipliés, et leurs combinaisons compliquées, plus l'étude est longue, sèche et fastidieuse. Mais le défaut de simplicité et de précision dans les signes d'institution, doit nous porter à croire que si l'enseignement mutuel facilite les progrès des écoles élémentaires, comme l'expérience l'a déja suffisamment prouvé ; il doit être encore plus utile dans l'enseignement de la musique, en raison des difficultés plus nombreuses qu'elle offre aux élèves. Développons un instant cette idée, et tâchons de signaler en même temps les abus qui pourraient résulter d'une trop grande extension donnée à l'application de l'enseignement mutuel à la musique.

La musique, comme l'a très-bien dit Rousseau, n'est pas la science des noires, des blanches, des croches, etc., mais celle des sons. Tant qu'il s'agira de faciliter la connaissance des signes, d'apprendre à lire et à transcrire promptement la musique, d'en faire connaître la théorie, l'enseignement même mutuel offre de très-grands avantages. Un jeune élève abandonné à lui-même, après avoir écouté la leçon de son maître, perd facilement de vue l'impression passagère qu'il a reçue. Mais lorsque cette impression se répète un grand nombre de fois; lorsque les élèves sont appelés à concourir mutuellement à leur enseignement; lorsque, enfin, on a l'adresse d'animer l'émulation par le puissant aiguillon de l'amour-propre, on ne peut pas manquer de hâter les progrès des élèves, de faciliter le mécanisme de l'instruction, et de soulager l'esprit dans une partie des difficultés qui résultent de la complication des signes et de l'aridité des principes.

Je ne m'arrêterai pas à développer mes idées sur l'organisation d'une école d'enseignement mutuel pour la musique; je me bornerai à esquisser quelques traits fondamentaux de cette institution, qui suffiront pour faire sentir toute l'importance de mon plan.

On doit faire, sur le tableau, les démonstrations des principes élémentaires de la musique, en adoptant la méthode que l'on suit dans les autres écoles d'enseignement mutuel, afin que les élèves apprennent, répètent, transcrivent et se communiquent en même temps, les uns les autres, les leçons de leurs maîtres. On les fera ensuite solfier en masse, en leur faisant nommer les notes et marquer la mesure, mais sans chanter. Ces différents exercices sont très-utiles pour apprendre à lire et à écrire promptement la musique. Après que les élèves auront

fait les progrès qu'exige cette partie de l'enseignement ,
ils seront exercés à faire les gammes en chantant, dans
les deux modes majeur et mineur ; on leur apprendra
à filer les sons, à parcourir tous les intervalles con-
sonnants et dissonnants , avec la respiration requise ,
point très-essentiel pour ne point paralyser les phrases
musicales et les paroles (1). Cette autre partie de
l'enseignement ne pourrait pas retirer de l'enseignement en masse les mêmes avantages que la première ,
comme nous aurons l'occasion de le voir bientôt.

Nous croyons pouvoir ajouter qu'on peut aussi appliquer utilement la même méthode à l'enseignement
de l'harmonie , en divisant cette partie de l'instruction
en deux sections , celle des *Partimenti* (2) et celle du
Contrepoint.

On démontrera , sur le tableau , la division de la
corde sonore, la théorie de tous les intervalles, la
combinaison et la marche de tous les accords sur
les différents mouvements de la basse , et l'on dictera
les règles de la composition. En suivant cette méthode, et en lui donnant tout le développement dont
elle est susceptible, on parviendra , sans doute , à faire
des musiciens très-instruits ; mais parviendra-t-on à
faire exécuter la musique avec goût, avec sentiment ;

(1) *Tosi :* Opinioni de' Cantori, page 36.

(2) Collection des basses chiffrées et non chiffrées, où j'ai donné
un extrait des principes musicaux, avec les accords pratiquement
démontrés. Cet ouvrage se trouve chez M. Carli, marchand de musique,
boulevard Montmartre, n° 14.

avec expression? Je ne le pense pas, et je tâcherai de
mon mieux d'exposer mes idées sur ce point capital
de l'enseignement, en prenant pour exemple le chant,
soit comme une modulation de la voix parlante par
rapport aux sons, soit comme une déclamation plus
modulée que la déclamation ordinaire, par rapport à
l'expression.

Le chant devenu un art, outre l'enseignement des
principes de la musique, exige de la part du maître
une attention particulière sur l'organe de la voix, afin
qu'il puisse en diriger les dispositions, et en corriger
les défauts. Il doit examiner la qualité, le timbre, et
le volume de la voix, pour en déterminer l'étendue,
et l'exercer convenablement avec les solfèges d'une
difficulté progressive. C'est le seul moyen d'en corriger les défauts, d'en développer le volume, et de
lui faire acquérir tous les agréments dont elle est susceptible. Nous disons qu'il faut exercer convenablement la voix par le solfège, parce que c'est de cet
exercice que dépend principalement l'art du chant.
En effet, c'est par le solfège qu'on apprend à bien
respirer, à ménager l'haleine, à la prolonger sans ef-
fort, à la reprendre d'une manière imperceptible; à
poser, à renforcer, et à radoucir la voix à volonté; à
lier les sons entre eux, à les enfler, et à les diminuer
par gradation; à passer avec adresse de la voix de
poitrine à celle de tête, en dérobant tant soit peu de
force au dernier son de poitrine, pour le fondre agréa-
blement avec le premier son de tête; à faire la petite
note (*appogiatura*), le tril, le mordant, le grouppetto, les notes liées, les notes déliées, et détachées,

la syncope, la roulade, et autres agréments, toujours en raison des dispositions de l'organe chantant.
Voilà à quoi conduisent les règles établies par les
maîtres de l'art; et le choix, l'application, et les modifications de ces règles, doivent varier pour chaque
voix. Ainsi, ce n'est pas par l'enseignement en masse
qu'on formera la voix d'après les règles du chant,
mais par l'enseignement isolé, bien dirigé, et modifié
selon la force, et le caractère de la voix.

C'est la marche qu'on a suivi en Italie, depuis le
dix-septième siècle, dans les écoles de Bologne,
Florence, Milan, Venise, Rome, et Naples, d'où sont
sortis les premiers chanteurs de l'Europe. Si quelques-
uns n'ont pas réussi, il faut en chercher la cause dans
le défaut des dispositions naturelles, et non dans l'im-
perfection de la méthode enseignante.

C'est une vérité incontestable que la nature, et le génie
font les trois quarts des frais dans la musique, et c'est à
tort que quelques maîtres se vantent de faire ce que la
nature, et le génie avaient déjà fait avant eux. Ce n'est pas
le talent du maître qui a formé l'organe de son élève, qui
lui a donné le génie, et la susceptibilité d'un sentiment
exquis; les règles, et ses efforts ne peuvent que modifier
les dispositions de la nature; et l'on a vu très-souvent un
simple trait d'inspiration l'emporter sur tous les tours de
force que l'art peut produire. Je pourrais citer plusieurs
exemples à l'appui de cette proposition, mais je me
bornerai à la seule madame *Banti*; la nature lui avait
donné une voix éclatante, beaucoup de goût, et beaucoup d'aptitude. Cette célèbre cantatrice avait un maître

qui lui faisait entendre, sur le clavecin, les morceaux qu'elle devait chanter ; elle les apprenait ainsi, et c'était assez pour être inspirée au moment de l'exécution au théâtre de St-Charles. Le grand *Aprile* avouait que personne ne l'étonnait autant que la *Banti*, chantant toujours juste, toujours en mesure, et lançant des traits toujours nouveaux, remplis de grâce, de finesse, et d'expression ; et lorsqu'on lui parlait de *Marchesi*, il disait : *c'est un lion qui nous dévore tous*, excepté la *Banti*.

Voilà ce que nous pensions sur l'application de l'enseignement mutuel à la musique, lorsqu'est tombé entre nos mains l'ouvrage d'un homme très-estimable, qui professe une doctrine différente de la nôtre, sur des points très-essentiels : nous voulons parler de la *Nouvelle méthode pour l'enseignement de la musique*, de M. Frédéric Massimino, de Turin. Qu'il nous soit permis, et n'en déplaise pas à l'auteur, de jeter un coup-d'œil sur quelques-unes de ses idées fondamentales, et d'examiner avec impartialité si la réforme qu'il a prétendu introduire dans la manière d'apprendre à chanter, peut conduire réellement à former de bons chanteurs.

M. Massimino, voulant corriger les anciennes méthodes qu'il regarde comme défectueuses, établit en principe « qu'il faut faire chanter les élèves en masse, « pour disposer au chant les organes de ceux que la « *nature n'a pas créés musiciens*, de sorte que les or- « ganes rebelles qui résisteraient à une voix ou à un « instrument seul, céderont à l'impulsion de la *colonne* « *harmonique*, produite par le concours de plusieurs

« voix ; et l'élève, entraîné malgré lui dans l'ensem-
« ble, sera en quelque sorte forcé de *sentir* et de *chan-
« ter* juste (1) . » Il ajoute que « l'habitude d'être juste
« lui vient plutôt en *écoutant* qu'en chantant (2) ». Il
borne le diapason des voix pour servir à la masse (3) ;
il soumet à un mouvement uniforme toutes les moindres fractions musicales (4) ; regarde comme infructueux les efforts d'un enseignement isolé (5), et donne
comme *infaillibles* les principes de sa nouvelle doctrine (6).

Nous avouons d'abord que nous ne pouvons pas
concevoir comment une multitude de voix qui chantent en même temps, ou, si l'on veut, une colonne
harmonique, pourrait, plutôt qu'une voix seule, entraîner un élève à chanter juste. Lorsque plusieurs
voix chantent ensemble dans une école d'enseignement mutuel, celles qui sont les plus sonores, et que
l'on suppose les plus formées dans l'art du chant, en-
traîneront celles des élèves moins formés ; et si les
facultés organiques favorisent les efforts de ces derniers, ils suivront leurs modèles, et s'élèveront jusqu'à eux. Mais si faisant abstraction de cette dernière con-
dition, l'on prétend que par la tendance à l'accord des

---

(1) Nouvelle Méthode, pages 6, 16, 20.
(2) *Idem*, page 17.
(3) *Idem*, pages 21 et 22.
(4) *Idem*, pages 15 et 16.
(5) *Idem*, Prospectus de l'Établissement Musical.
(6) *Idem*, page 22.

voix chantantes l'on peut faire chanter juste une voix fausse, il me semble qu'à plus forte raison, dans l'enseignement isolé, on devrait accorder à une voix juste la faculté d'entraîner une voix fausse, et la forcer à entonner les sons, dans le rapport exact de leurs intervalles, parce que l'action produite sur les organes par une multitude de voix, différentes par leur timbre, et par leur force, doit être moins précise, et doit moins fixer l'attention que celle qui provient d'une voix seule.

Pour chanter juste, il faut avoir l'oreille et la voix justes; et nous ne pensons pas que la fausseté de la voix dépend uniquement de la fausseté de l'oreille, sachant par expérience que l'on peut avoir l'oreille juste, et la voix fausse. Si l'organe de la voix avait, chez tous les individus chantants, les mêmes dispositions, l'on conçoit facilement qu'en supposant l'oreille juste, les plus forts finiraient par entraîner les plus faibles. On en trouverait la raison dans l'instinct qui porte l'homme à l'imitation, et l'on pourrait apprendre à chanter, comme l'on apprend à parler. Mais quelles différences ne remarque-t-on pas dans le son, le timbre, et la force de chaque voix (1) !

____

(1) La voix humaine a deux espèces de sons, les uns *articulés*, les antres *modulés*. Les sons articulés, dits *inconcinni*, sont ceux de la parole, qui par leur mouvement continu sont inappréciables à l'oreille. Les sons modulés, dits *concinni*, au contraire, sont ceux du chant, qui par leur mouvement discret sont tous appréciables. « Concinni « vero (seu cantu apti) sunt qui invicem connexi accidunt ad aures « grati : Inconcinni vero, qui non ita se habent. » Ptolomeus, Harmonicæ. Lib. I, cap. IV. D'où il suit que la voix parlante est un

N'y a-t-il pas autant de voix qu'il y a de physio-
nomies différentes ? l'organe de la voix ne varie-t-il
pas, dans les différents sujets, comme les instruments
à cordes, et à vent, par la longueur, la grosseur,
et la tension des fibres, et par la capacité, et la con-
formation de ses parties ? On apprend par imitation
à parler, c'est-à-dire à prononcer des sons distincts
les uns des autres, en modifiant sa voix par le mouvement mécanique des différentes parties de l'organe :
mais pour apprendre à modifier les inflexions de la
voix, et à les rendre sonores et agréables ; pour rendre les sons appréciables à l'oreille, c'est-à-dire sus-
ceptibles d'être musicalement comparés les uns aux
autres ; enfin, pour corriger autant que possible les
défauts naturels de la voix, et pour former le goût,
l'imitation seule ne suffit pas ; il faut que chaque élève
étudie la nature et la portée de son organe, sous la
direction spéciale d'un maître habile, qui seul peut
lui apprendre à faciliter, et à perfectionner l'usage de
sa voix.

La nature ayant mis des bornes au grave et à l'aigu
de chaque voix, toutes les voix ne pourraient pas
suivre la colonne harmonique de M. Massimino, et
monter ou descendre avec elle (1) ; celles qui vou-

____

concours de sons par des intervalles indéterminés, et la voix
chantante est un concours de sons par des intervalles déterminés.

(1) « Omnis quippe vocis tam organicæ quam humanæ locus
« quidam est definitus, quem modulans percurrit, maximus scilicet
« et minimus. Neque enim in magnitudine potest vox in infinitum

draient outrepasser les bornes qui limitent leur portée naturelle, produiraient des sons faux, criards ou sourds. La voix elle-même pourrait se casser par ses efforts, comme cela a lieu pour une corde assez tendue, lorsqu'on veut lui donner une plus forte tension; ou, pour parler plus justement, comme cela arrive ordinairement après de fortes irritations.

Enfin l'expérience nous prouve que, dans un morceau d'ensemble, par exemple dans un duo, un trio, un quatuor, etc., la voix qui fausse en montant ne se joint aux autres que par une discordance fort sensible, sans que le chanteur s'en aperçoive, faute d'oreille; et que la voix qui baisse par une respiration courte, provenant d'un resserrement de poitrine, n'est que momentanément entraînée par les autres; elle ne se soutient pas, tombe par sa faiblesse naturelle, ou cherche son repos en descendant.

Une étude particulière, un travail spécial et long, sont indispensables pour connaître et pour corriger, autant que possible, les défauts des organes (1); et ce n'est pas en faisant chanter en masse qu'on parviendra à faire chanter juste, et à corriger les voix tremblotantes, gutturales, nasales, aigres, sourdes, criardes; celles qui sont suffoquées,

---

« augere gravis et acuti distinctionem, nec in parvitate contrahere, « sed in utramque partem alicubi sistitur. » Aristox., Harmon. element. Lib. I, ex versione Mehibomi, p. 4.

(1) « Præterea, ut sint fauces integræ, id est molles et leves, quarum « vitio et frangitur, et obscuratur, et exasperatur, et sciuditur vox. « Nam ut tibiæ eodem spiritu accepto, alium clausis, alium apertis

qui chevrotent, qui hennissent, qui frisent, etc. (2);
qu'on fera disparaître les défauts de prononciation,
ou ceux qui proviennent d'une respiration défec-
tueuse, contractée par les mauvaises habitudes d'une
fausse méthode, etc.; la colonne harmonique ne pourrait que masquer ces défauts, au lieu de les corriger.
En effet l'air, agité par une grande masse de voix
chantantes, couvre très-souvent les sons faux de quelques voix. Ainsi un chanteur que la nature n'a pas créé
musicien, loin d'apprendre à *sentir* et à *chanter* juste
par l'action de la colonne, reste avec toutes ses mauvaises habitudes; et il suffit de lui faire chanter iso-
lément le même morceau, pour voir que ses organes
persistent dans leur état de *rebellion.*

Nous avons déjà fait remarquer qu'outre les obstacles que l'organe de la voix peut opposer à l'intonation des sons, dans les rapports qu'ils doivent avoir,
il y en a d'autres plus puissants, qui dépendent de la
fausseté de l'oreille. On sait que cet organe est le vé-
hicule des sons, et qu'il les transmet à l'esprit non

« foraminibus, alium non satis purgatæ, alium quassæ sonum reddunt;
« ita fauces tumentes strangulant vocem, obtusæ obscurant, rasæ
« exasperant, convulsæ fractis sunt organis similes. » Fab. Quintil.
Inst. Orat. Lib. XI, cap. III.

(2) » Natura vocis spectatur quantitate et qualitate. Quantitas sim-
« plicior est. Iu summa enim grandis aut exigua est; sed inter has
» extremitates mediæ sunt species, et ab ima ad summam ac retro
« multi sunt gradus. Qualitas magis varia est, nam est candida ac
« fusca, et plena et exilis, et levis et aspera, et contracta ac fusa,
« et dura et flexibilis, et clara et obscura; spiritus etiam longior
« breviorque. » Quintil. Instit. Orat. Lib. II, cap. III.

comme ils sont produits par une voix chantante, mais tels qu'il les reproduit lui-même. L'organe de la voix se modifiant de telle ou telle manière, selon la nature du son qu'il veut imiter, si l'oreille est fausse, si elle n'aperçoit les défauts de l'intonation et de la mesure, la voix ne pourra pas chanter juste. L'influence de l'oreille est si remarquable, que même ses altérations accidentelles, en la supposant juste, sont dans le cas d'altérer les sons qu'elle reçoit; et souvent il suffit que l'esprit soit un peu agité ou inquiet, pour que l'oreille ne soit pas bien en état de calculer les intervalles. Comment, dans tous les cas, la colonne harmonique forcera-t-elle l'élève à sentir, et à chanter juste? Comment donnera-t-elle à l'oreille la sensibilité, la finesse, la justesse, etc., que demande la perfection du chant? elle pourra entraîner, mais elle ne corrigera pas, parce que le type que l'oreille présente à la voix, et que celle-ci s'efforce d'imiter, est faux; parce que l'élève ne s'aperçoit pas qu'il chante faux, et croit suivre l'impulsion du chant; parce qu'enfin ses défauts doivent le plus souvent échapper à la sagacité du maître. En effet, les vibrations différentes, excitées dans l'air par un grand nombre de voix, ne parviennent pas toutes à l'oreille d'une manière distincte, et plusieurs d'entre elles peuvent échapper à ceux même qui ont, pour ainsi dire, l'habitude de faire l'analyse des sons composés. Une grande masse de voix pourra donc couvrir les sons faux de quelques chanteurs, à moins que ces sons ne soient pas très-choquants, mais ne peut les forcer à chanter juste; et il arrive dans ce cas pour les voix, comme

pour une symphonie à grand orchestre, où l'on n'aperçoit les différences qui résultent de la qualité des
instruments, et de la main des habiles artistes, que
lorsqu'ils jouent seuls. La perfection du chant ne peut
donc pas dépendre de l'impulsion de la colonne harmonique; elle pourra être utile aux élèves qui ont des dispositions analogues, pour les animer et pour les exercer
au chant, mais pas pour leur apprendre à chanter juste.

On dira que le peuple chante en masse, soit dans
les églises, soit dans les rues; on pourra aussi objec-
ter que, dans l'église de St-Pierre, à Rome, on chante
en masse, sans le secours d'aucun instrument. Je ré-
ponds à la première objection, qu'on ne doit pas
qualifier du nom de chant le bourdonnement à l'unis-
son du peuple, qui ressemble plutôt à un charivari
qu'à un véritable chant; on trouve, il est vrai, parmi
les différents peuples qui ont une langue accentuée,
et par conséquent mélodieuse et chantante, des gens
qui chantent en chœur, et qui chantent juste, sans
être musiciens; mais ceci prouve seulement que les
dispositions à chanter varient selon le climat, et le
plus ou moins d'harmonie de la langue naturelle; car
une langue accentuée, bien articulée et bien pronon-
cée, exerce une grande influence sur la justesse de la
voix, et on pourrait bien dire qu'elle n'est elle-même
qu'un chant. Quant à la seconde objection, on sait que
les chanteurs de l'église de St-Pierre doivent leur chant
mélodieux à un exercice isolé, long-temps continué,
qui a perfectionné leurs oreilles, et leurs voix. S'il restait encore quelque doute, je pourrais appeler les faits

à l'appui de mon opinion, qui feraient cesser toute incertitude.

Je demanderai d'abord à **M. Massimino** si les grands chanteurs qui sont sortis des écoles d'Italie, ont cultivé leur voix, et ont appris d'en tirer tout le parti qu'elle pourrait donner, sous l'influence de la colonne harmonique? S'ils doivent au chant simultané l'étendue, la justesse, et la légèreté de leur voix, et l'adresse avec laquelle ils ménagent et modifient leurs sons, en les renforçant, et les radoucissant avec tout l'art possible? On n'a pas oublié à Naples le calembour auquel donna lieu M. *Crescentini*, lorsqu'il chanta pour la première fois au grand théâtre de St-Charles. Malgré l'impulsion des instruments et son art, cet admirable chanteur baissait toujours, et le public disait, en plaisantant, qu'il était un *Calantini* et non un *Crescentini.* Ce ne fut qu'après les leçons isolées que lui donna *Aprile*, qu'il devint l'Orphée du siècle. Dans le grand opéra de *Mithridate*, représenté en 1817 au théâtre Favart, M. *Tramezzani*, malgré ses connaissances musicales, baissait tellement, que depuis le commencement jusqu'à la fin, ni madame *Catalani* avec sa voix étonnante, ni l'orchestre avec toute sa force, ne pouvaient l'attirer à chanter juste. Les chanteurs qui faussent dans les chœurs des opéras, ce qui n'est pas bien rare, ne prouvent-ils pas que les organes *rebelles* résistent à la masse des voix justes? On pourrait peut-être dire, avec plus de raison, que les voix fausses, au lieu d'être attirées par la colonne harmonique, ne font que l'ébranler. Convenons donc que l'art de lire la note, l'habitude de la déchiffrer avec habileté, peuvent retirer un grand avantage de l'enseignement en masse; que cet enseignement est aussi utile par l'émulation qu'il excite, et que, sous le rapport du chant, on pourrait le pratiquer pour les voix qui ont des dispositions analogues : mais qu'il ne corrigera pas les défauts de la voix, qu'il ne forcera pas la voix fausse à chanter juste, qu'il n'apprendra pas les agréments du chant, et que, sous ces derniers rapports, l'enseignement isolé est le seul qui pourra donner des résultats utiles, lorsque les organes n'y opposent pas des obstacles insurmontables. Nous ne dirons donc pas, avec M. Massimino (1), que l'enseignement isolé n'offre que des *efforts infructueux*; qu'il est *toujours fatigant pour les maîtres et pour les élèves, et suivi d'un résultat nul*. Mais, pour ne pas détruire l'avantage que l'on pourrat retirer de l'enseignement mutuel appliqué à la musique, nous dirons qu'il peut être favorable à la partie mécanique de l'art.

Pour faire solfier les élèves en masse, on a été obligé de borner le diapason de leur voix; c'est encore une erreur de la méthode de M. Massimino (2), que nous croyons devoir relever. Cette restriction empêche le développement de la voix; celle qui a des dispositions à monter perd dans les sons aigus, et celle qui a des dispositions à descendre perd dans les

____

(1) Voyez son Prospectus de l'Établissement musical.

(2) Pages 21 et 22.

sons graves. Ainsi, l'étendue que peut prendre la voix n'est point cultivée; et lorsque, obéissant à leur inspiration, les élèves cherchent d'outrepasser les limites de leur diapason d'habitude, ils se voient entièrement livrés à leurs propres moyens, ce qui prouve, d'une manière évidente, que l'instruction n'est pas complète. Un maître doit s'occuper de la voix de son élève, comme un agriculteur soigne une jeune plante; il doit exercer avec ménagement ses qualités naturelles, doit relever et corriger ses défauts, et empêcher qu'elle n'en contracte en chantant. Il serait même très-utile qu'il connût la structure des organes qu'il est appelé à cultiver, et qu'il sût apprécier les lois qui les régissent. C'est ici le cas de reprocher à certains maîtres particuliers de solfier et de chanter simultanément avec leurs élèves, croyant, par ce moyen, raffermir l'intonation de leur voix. J'ai eu l'occasion d'entendre une fois un singulier concert, entre un maître et son élève; tandis qu'il *s'égosillait* avec une voix de ventriloque, l'élève faussait avec une voix de chevrette, sautant des notes, respirant mal, et faisant des grimaces.

En parlant de l'utilité de la mesure dans sa nouvelle méthode, M. Massimino dit (1) : « L'élève en « rapportant à une mesure invariable les moindres « fractions musicales, fait de la main une sorte de « métronome, qui l'oblige à s'assujétir au rhythme, « et lui donne un guide sûr au milieu des écarts de

____

(1) Page 15.

« l'inspiration. » Si l'on adoptait ce principe, il s'ensuivrait que les raisons double, triple, et quadruple se trouveraient toutes les trois confondues ensemble; elles ne seraient plus reconnaissables; et la valeur des notes, indiquée par leurs figures diverses, deviendrait tout-à-fait nulle par le mouvement uniforme du *métronome*, qui ne marque ni le temps fort, ni le temps faible, et ne donne aucune idée distincte du rhythme dans lequel l'on chante. L'élève sera toujours embarrassé dans une mesure quelconque où les pieds musicaux seront composés de notes de valeur différente, mêlés de triolets et de syncopes; et le mouvement *métronomique*, imité par la main, se trouvera toujours en défaut avec la voix. M. Massimino paraît avoir senti ces inconvénients; car, dans un autre endroit(1), oubliant toute l'importance qu'il avait attribuée au *métronome*, il dit que « l'habitude seule tient lieu de « métronome dans l'esprit de l'élève, pour concevoir « et assujétir la valeur des notes à tous les mouve- « ments (2). » D'après cette seconde opinion de M. Massimino, faudra-t-il croire que le *métronome* peut être utile dans le commencement, et qu'ensuite l'habitude le remplace dans la mesure du chant? Nous

____

(1) Pages 20 et 23.

(2) Rousseau a dit la même chose (Voy. l'art. *Temps* de son Dict.) M. Suremain Missey a dit aussi que « pour mieux saisir « la mesure, on la partage, par la pensée, en parties égales, « qu'on nomme temps. » Théorie Acoustico-Musicale, ch. LXXV, page 310.

ne nous arrêterons pas à examiner jusqu'à quel point ceci pourrait être vrai ; nous envisagerons la question d'une manière plus générale, en jetant un coup-d'œil sur l'importance qu'on doit attacher à cet instrument. On a cru qu'il était utile de soumettre les durées de chaque mesure à un mouvement mécanique, et on a inventé le *chronomètre* (1) ; mais, outre que cet instrument transforme le musicien en une machine, il a l'inconvénient de ne pouvoir jamais bien l'assujétir à son mouvement (2), et il ne donne pas le vrai mou-

---

(1) L'idée d'un pendule particulier, destiné à déterminer exactement les mouvements en musique, date de quelque temps. M. Sauveur parle du Chronomètre dans ses Principes d'Aconstique, et M. Dodard dans ses Mémoires sur différents sujets de Mathématiques. Rousseau, dans son Dict., art. *Chronomètre*, dit que L'Affilard, dans ses Principes dédiés aux dames religieuses, avait mis à la tête de tous les airs des chiffres qui exprimaient le nombre des vibrations de ce pendule pendant la durée de chaque mesure. Le célèbre Harisson, en 1775, publia à Londres un ouvrage sous le titre : « Description d'un Mécanisme pour parvenir à une Mesure exacte et vraie du Temps ». M. Renaudin, professeur de harpe à Paris, inventa, en 1785, un nouveau Chronomètre qui consistait en un cordon de soie, au bout duquel était attachée une balle de plomb. La longueur du cordon était divisée par des marques placées à des distances convenables, et qui formaient autant de degrés pour accélérer ou retarder le mouvement. Rameau, dans son Traité d'Harmonie, parle d'un Chronomètre de Loullier, dont on avait négligé l'usage, à cause de sa difficulté. En 1762, M. Choquel, avocat au parlement d'Aix, dans son ouvrage intitulé : « La Musique rendue sensible par la Mécanique, » avait déjà proposé un pendule semblable à celui de M. Renaudin, etc., etc.

(2) Cet inconvénient n'est pas seulement dans l'instrument, mais dans le musicien : « Quelque instrument, dit Rousseau, *Loco citato,*

vement d'un air, d'une sonate, etc., sans lequel chaque morceau perd son caractère. On a cherché d'obtenir ce dernier résultat par le *métronome*, dont l'objet est de marquer le degré de vîtesse ou de lenteur de la mesure rhythmique, indiquée à la tête des morceaux par les mots italiens *largo*, *adagio*, *allegro*, *andante*, *presto*, qui sont les modifications principales du mouvement; ou par leurs subdivisions indiquées par les mots *larghetto*, *moderato*, *allegretto*, *andantino*, *prestissimo*. Mais malgré les obligations que nous avons à M. Maelzel, pour la découverte de cet instrument, il faut convenir que la grande difficulté de saisir le mouvement tel qu'il a été conçu par l'auteur, reste toujours, à moins que l'auteur lui-même ne l'ait indiqué, en déterminant la longueur du pendule. C'est la seule manière de rendre cet instrument utile, en faisant varier la longueur du pendule toutes les fois qu'il y a variation dans le mouvement du chant, et en indiquant ces variations sur les parties des différents morceaux par des signes convenus. Je conçois alors que l'on peut conserver le mouvement des airs, des sonates, tel qu'il a été conçu par leurs auteurs; et

---

« qu'on pût trouver pour régler la durée de la mesure, il serait impossible, quand même l'exécution en serait de la dernière facilité, « qu'il eût jamais lieu dans la pratique. Les musiciens, gens « confiants, et faisant, comme bien d'autres, de leur propre goût la règle du *bon*, ne l'adopteraient jamais; ils laisseraient le chronomètre, « et ne s'en rapporteraient qu'à eux du vrai caractère et du vrai mouvement des airs. » Dict. de Mus., art. *Chronomètre*.

sous ce rapport, l'utilité du *métronome* serait incontestable. Mais il est toujours difficile de soumettre au mouvement mécanique d'un instrument, un chanteur ou tout autre artiste qui exécute un morceau de musique avec expression, et qui anime le travail du compositeur par les traits brillants, qui lui sont inspirés par son génie. Je sais que quelques musiciens font, comme l'a dit Rousseau, de leur goût *la règle du bon;* mais on ne peut pas comprendre dans ce nombre ceux qui possèdent un véritable talent; et nous savons par expérience que les chanteurs les plus admirables ne sont pas ceux qui sont servilement assujétis à la note. J'ajouterai aussi que chaque mouvement, quoique déterminé par le compositeur, n'est pas moins soumis à certaines nuances que le *métronome* ne peut pas marquer, et que les oreilles des hommes de goût savent très-bien apprécier. Enfin, je dirai que le sentiment ne peut pas être exprimé par le mouvement. Un vrai chanteur dramatique accélère ou ralentit son chant, d'après l'impulsion des passions, et sans offenser les lois du rhythme : l'artiste oublie le *métronome*, et l'orchestre, transporté par le chant, suit l'inspiration de l'artiste, formant avec lui un accord enchanteur (1).

Il résulte de ce que nous avons dit de la méthode de M. Massimino, que cet artiste a plutôt visé à l'effet

---

(1) Omnis enim motus animi suum quemdam à natura habet vultum, sonum, et gestum : totumque corpus hominis, et ejus omnis vultus, omnesque voces, ut nervi in fidibus, ita sonant, ut à motu animi quoque sunt pulsæ. « Cic., de Orat., L. III, §. 57. »

que pourrait produire l'enseignement en masse, qu'à
la vraie manière d'enseigner la musique. Nous avons
des méthodes bien plus rationnelles, et qui attirent
autrement l'attention des hommes de l'art que celle du
professeur de Turin. De ce nombre sont les méthodes
élémentaires vocales et instrumentales de l'école royale
de Paris, composées et rédigées par des hommes du
plus grand mérite; les solfèges d'Italie; le recueil de
Crescentini, et sur-tout les exercices de M. Paër, composés exprès pour développer la voix; la grande méthode de Clémenti pour le piano, etc., etc.

Je me serais arrêté ici, si un passage de M. Massimino ne m'eût pas engagé à faire quelques observations
sur l'usage introduit, depuis quelques années, de sur-
charger la musique de notes, et d'ornements. En parlant de la musique de l'époque antérieure à la nôtre,
M. Massimino dit « qu'elle était bien moins remplie
« de notes; que c'était presque compter les notes que
« compter le temps (1) ». Si tous les anciens compositeurs n'employaient dans chaque mesure qu'un
petit nombre de notes, ceux de nos jours en surchar-
gent tellement leur musique, qu'on laisse à peine aux
chanteurs les plus habiles le temps de respirer. On
dit aujourd'hui qu'on a porté la musique au dernier
degré de perfection, et l'on fonde cette opinion sur
le grand nombre de notes et contrenotes, et sur le

---

(1) Nouvelle Méthode, page 16.

3.

luxe des ornements qu'on y a introduit; mais il me
semble qu'au lieu de perfectionner la musique, on
en a augmenté les défauts, en lui faisant perdre le
plus souvent sa physionomie et son expression. En
effet, la plupart de nos compositions modernes sont
bruyantes et froides; on n'imite plus la belle nature;
mais on voit très-souvent des imitations bizarres, qui
sont tout-à-fait en opposition avec les paroles; on ne
peint plus les passions, mais on obéit aveuglément
aux impulsions de l'imagination, traitant la musique
non pas comme un art d'imitation, mais comme un
art absolument arbitraire.

Quelques auteurs ont mis sur le compte de la poésie
les effets merveilleux que les anciens attribuaient à la
musique des Grecs (1). L'on ne peut pas sans doute
refuser à la poésie une partie de l'effet que le chant
produit sur nous; elle décrit et peint les objets, élève
notre ame par la grandeur des sentiments, et la su-
blimité des idées, excite notre sensibilité, nos goûts,
nos passions; mais la musique a aussi son influence
particulière sur les affections de l'ame; et si elle ne
peint pas directement les choses, *elle excite dans l'ame
les mêmes mouvements qu'on éprouve en les voyant* (2).
L'expression de la musique vocale doit être déter-
minée par la poésie; et si l'on veut que le chant soit

---

(1) Rousseau, Dict., art. *Goût du Chant.*

(2) Rousseau, Dict., art. *Imitation.*

expressif, et que ses sons peignent les objets, et exci-
tent les affections de l'ame, on n'obtiendra pas ce
résultat en accumulant notes sur notes, et en faisant
faire à la voix des efforts extraordinaires, mais en exci-
tant par le chant des émotions analogues à celles de
la poésie. Il n'y a pas de doute que le grand opéra
italien a beaucoup gagné sous le rapport des morceaux
d'ensemble, depuis les ouvrages de *Calsabigi*, succes-
seur de *Métastase*; mais il a perdu sous le rapport
du style; car les mêmes traits, les mêmes roulades
qu'on fait dans l'opéra-séria, on les entend dans l'o-
péra-buffa. En examinant les changements successifs
des morceaux de musique, on trouve que les anciennes ariettes étaient calquées toujours sur le même modèle, c'est-à-dire composées de deux parties; que la
seconde partie avait un rhythme, et un mouvement
différent, et n'était d'aucun intérêt, parce que l'on
répétait la première. Les ariettes changèrent de forme,
et les deux parties se fondirent ensemble et n'en firent
qu'une. Ensuite parurent les *rondeaux* d'un seul mouvement *larghetto* ou *andantino*, auxquels, pour en
couper la monotonie, on ajouta un *allegro* à la fin,
en les nommant *ariettes à deux caractères*. Quelque
temps après prirent place les *polonaises* ou *polacche*,
auxquelles ont succédé les *cabalettes*, qui ne sont que
de petits motifs gracieux à plusieurs reprises, entre
la voix et les instruments. Rousseau, en parlant des
rondeaux, a dit : « Les routines sont des magasins de
« contresens pour ceux qui les suivent sans réflexion.

« Telle est pour les musiciens celle des *rondeaux* (1). »
On peut y ajouter aujourd'hui : « ainsi que celle des
« *cabalettes*. »

Il ne faut pas s'en rapporter à l'effet que produit
la musique d'aujourd'hui, parce que c'est un effet il-
lusoire, qui ne flatte que les oreilles vulgaires, sans
émouvoir l'ame des vrais connaisseurs. D'ailleurs,
si tout le mérite de la musique doit consister dans l'effet casuel qu'elle peut produire sur l'oreille, par le jeu
de plusieurs instruments, sans passer à l'ame, il faut
renoncer au sentiment; et si en laissant à la musique
le seul plaisir vague des sens, on lui ôte l'imitation,
il faut l'effacer du nombre des beaux-arts.

Lorsque l'on entend la *Nina* de Paesiello, ou l'*Agnese*
de Paër, l'on admire l'art, et le sentiment avec lequel
ces deux maîtres ont traité la folie dans deux sujets
différents. Dans l'air *Ombra adorata aspetta* de Zingarelli, l'on remarque le courage et le plaisir de *Roméo*,
qui s'empoisonne pour aller rejoindre *Juliette* qu'il
croit morte. Dans la grande scène du *Sacrifice d'A-
braham* de Cimarosa, l'on voit avec quelle force est
peinte la douleur de la mère d'*Isaac*, et sa résignation
à la volonté de Dieu. Ces grands maîtres, et une infi-
nité d'autres, qu'il me serait facile de citer, savaient
fort bien que la poésie déterminant l'expression, et
fixant l'attention sur des objets déterminés, étend par

—————

(1) Dict. de Mus., art. *Goût du Chant*.

ee moyen le domaine de la musique à tout ee que l'imagination peut se représenter. Les instruments n'étant
pour eux que des moyens auxiliaires, qui concou-
rent à exprimer les conceptions de l'esprit, et les ima-
ges de la poésie; ils les faisaient servir jusqu'à un
certain point à la voix du chanteur, et souvent ils en
tiraient un parti étonnant, en faisant jouer, selon les
circonstances et d'une manière particulière, ceux qui
conviennent mieux à la nature du chant, et au sujet
de la poésie, employant la masse des instruments seulement dans les passions fortes, et avec tel art, que le
chanteur n'était pas obligé de crier pour se faire
entendre.

Cela posé, l'on aperçoit facilement que la musique
d'aujourd'hui va en déclinant; et la cause la plus remarquable de sa décadence est, sans contredit, l'abus
que les compositeurs font de leurs propres richesses.
La musique, comme tous les arts de génie, a ses
règles fondées sur la raison, et sur la philosophie, dont
elle ne doit jamais s'écarter. Il est permis cependant
de sortir de la routine ordinaire, en cherchant de
nouvelles modulations, mais toujours propres à pein-
dre les passions du cœur humain, et les mouvements
qui ont lieu dans le monde physique (1). Telle a été
la marche qu'ont suivi les grands maîtres qui, dans
les dix-septième et dix-huitième siècles, ont élevé la
musique au plus haut degré de perfection, sans oublier

______

(1) Bérard, art. du *Chant*, ch. VI, p. 25.

que la simplicité est le caractère essentiel du *beau*. Maintenant que font-ils la plupart de nos jeunes compositeurs ? Ils cherchent à se faire remarquer par leur originalité ; ils raffinent sur tout ; l'artifice transpire dans leurs productions. Ils se permettent des licences, qui choquent l'oreille, les accords les plus bruyants, les transitions les plus irrégulières, ils écrivent beaucoup de notes et peu de chant : *Sunt verba et voces prœtereaque nihil.* Je citerai à ce sujet le propos d'un homme d'esprit (1), qui, en parlant de nos pièces modernes, dit qu'on pourrait leur appliquer ce qu'Horace disait du théâtre de son temps : *Garganum mugire putes nemus, aut mare tuscum.*

Aujourd'hui, tel qu'un danseur de corde, ou qu'un charlatan qui manie impunément l'élément le plus actif de la nature et le plus destructeur ; le musicien cherche à étonner, à surprendre, à amuser l'auditoire, et l'on ose donner le nom de musique à des difficultés vaincues et à des tours de force qui ne réveillent dans l'ame aucune affection, et qui ne la disposent pas à en recevoir ; aussi quelle différence ne remarque-t-on pas entre les compositeurs des deux derniers siècles et ceux de nos jours ? Les premiers, pénétrés de toutes les ressources de l'art, se livraient à leurs inspirations, sans s'écarter des principes ; l'expression la plus analogue au sujet fixait principalement leur attention ; ils cherchaient ensuite les accords les plus harmonieux et les plus

---

(1) *Perotti* (Agostino), Dissertation sur l'état de la musique en Italie ; traduct. de l'italien.

convenables, et chacun donnait à ses productions le coloris de son génie particulier, de sorte que chaque auteur devenait lui-même un modèle de science, et de goût.

Autrefois la voix marchait la première, et l'orchestre la suivait ; aujourd'hui c'est tout le contraire, et la voix dans sa course se trouve tellement engagée avec les instruments, qu'en faisant autant qu'un violon, on ne saurait dire si c'est la voix qui joue, ou l'orchestre qui chante, et l'ame agitée au milieu du combat musical, ne sait pas où fixer son attention : malgré cela on donne le nom de grand chanteur à celui qui fredonne le plus, tel qu'un oiseau, qui flatte l'oreille sans le concours de la raison (1).

La roulade, le mordant, le grouppetto, le tril, et tous les traits possibles, ne sont que des ornements du chant ; et pour les faire valoir, il faut les employer avec modération. La seule note d'expression musicale, c'est *l'appoggiatura*. Cette *petite note* est donnée par la nature, puisque, même en déclamant, avant de passer du *grave* à l'*aigu*, du *lent* au *vite*, du *piano* au *forte*, on appuie insensiblement tantôt sur un mot,

______

(1) Les chanteurs d'aujourd'hui se copient à l'envi l'un l'autre pour chanter tous de même, et tous, sans exception, font également parade des mêmes passages et des mêmes agréments, qui, ou ne signifient rien, ou sont mal appliqués ; par là, la musique se trouve défigurée, et le caractère de la passion, au lieu d'être exprimé fortement, est manqué. (*Perotti*, dans sa Dissertation sur l'État de la Musique.)

tantôt sur une syllabe, par une inflexion naturelle à la voix parlante, qui se communique à la voix chantante (1). Certes, si la musique est un langage avec lequel on parle aux cœurs, la voix chantante doit suivre les mêmes nuances que la voix parlante, et conserver le juste milieu dans toutes les passions, sans les exagérer et sans en outrepasser les bornes, sans s'enrouer au grave, et sans s'égosiller à l'aigu; car tous les excès, dans les arts d'imitation, ne sont que des outrages à la nature.

Je sais que la musique dépourvue de tout ornement est une musique fade, sèche, et ennuyeuse, et que la *Vérité* seule doit être représentée toute nue : or, comme les ornements musicaux appartiennent au goût du chant, quand ils sont analogues au caractère du morceau et bien placés, ils rendent la musique gracieuse, énergique, et touchante; mais quand ils sont entassés abusivement les uns sur les autres, sans avoir aucun rapport avec les paroles, ils la rendent gothique, ridicule, et insupportable.

La musique a toujours été divisée en quatre styles, savoir : style d'église, style de madrigal (2), style d'opéra-séria, style d'opéra-buffa, et l'on distinguait le compositeur par le cachet de son style particulier :

____

(1) Les inflexions de la langue ne sont pas toutes appréciables, mais elles sont toutes sensibles, et l'oreille s'aperçoit très-bien si le chant les imite, ou s'il en est trop éloigné. (Marmontel, Encyclop. méthod., art. *Chant.*)

(2) Musique savante d'un style sévère que les anciens composaient sur des madrigaux, genre de poésie italienne.

maintenant tous les styles sont si mêlés ensemble , et la musique est tellement masquée par les batteries de l'orchestre , qu'il est difficile de deviner à quel style appartiennent telles phrases, et tels motifs qu'on vient d'entendre.

On dit sans cesse que le goût pour la musique a changé ; oui , depuis la corruption du théâtre , au détriment de l'art , et du bon sens. Est-ce que la musique est faite pour marcher à contre-sens avec les paroles , au détriment même de la prosodie pour ne pas sacrifier une seule note de la masse harmonique , quelquefois préparée d'avance ? A-t-on raison de confondre le style de l'opéra-séria avec celui de l'opéra-buffa , ou le style de l'opéra-buffa avec celui de l'église ? Est-il naturel d'exprimer un mouvement de colère par une tirade de triolets , et un sentiment de douleur par des roulades brillantes ? Est-il permis à un chanteur de défigurer un air d'expression à force de *gorgheggi*, sans faire attention ni au caractère de la poésie, ni à la prosodie de la langue ? Si parmi les anciens compositeurs célèbres on en trouve quelques-uns, qui, entraînés par leur instinct divin, égarés dans la foule de leurs heureuses pensées , sont tombés dans quelques erreurs ; grace aux chefs-d'œuvre qui les ont immortalisés , au lieu de les critiquer il est plus décent de leur appliquer le beau mot d'Horace : *quandoque bonus dormitat Homerus.* Mais , hélas ! quelle excuse trouverons-nous pour les jeunes compositeurs de nos jours, qui, avec leur verve brillante, font une guerre continuelle aux règles grammaticales, et peignent indistinctement toutes les passions avec la même couleur ? Lorsque la verve n'est pas guidée ni par l'art, ni par la raison, elle éblouit un instant, et son effet est éphémère. Le génie trop abondant a besoin d'un censeur qui l'empêche d'abuser de ses richesses (1).

Nos anciens maîtres, sans s'écarter des règles, savaient bien calculer l'effet, et les impressions que la *mélodie*, accompagnée, mais non tourmentée par *l'harmonie*, pourrait faire sur l'ame; cela est si vrai, que le peuple en Italie, pénétré d'une belle musique, sans connaître le moindre signe musical, retient dans sa tête les traits les plus heureux d'un air qu'il vient d'entendre; et, tel que les anciens Romains (2), il les répète avec transport en sortant du théâtre, comme il arrive particulièrement à Rome, et à Venise. Aujourd'hui je défie l'élève le plus exercé dans la dictée mutuelle, de retenir, ou de transcrire un seul trait d'un air qu'il vient d'entendre au spectacle.

La *mélodie* et *l'harmonie* nous sont également données par la nature, avec cette différence que la *mélodie*, fille de l'imagination, et que je regarde comme le *mobile* de toute la musique, étant libre dans sa marche, subsiste et brille toute seule, au lieu que *l'harmonie*, résultant du calcul, ne subsiste et ne brille que par la combinaison de plusieurs *mélodies*, dont

____

(1) Rousseau, Dict., art. *Goût du Chant.*

(2)   « Illic et cantant quidquid didicere theatris,
     « Et jactant faciles ad sua verba manus. »

Ovid., Fast., lib. III, Eleg. X.

elle est composée. Or, le principe du plaisir que nous éprouvons, dérivant de cet accord admirable de la *mélodie* avec l'*harmonie*, et les règles musicales tenant au même principe; toutes les fois qu'on s'en écarte, la musique n'est pas naturelle, l'expression est manquée, et l'ame n'en jouit pas. Ces abus se sont manifestés dans tous les temps. Je pourrais mettre à l'appui de mes observations le sentiment de plusieurs auteurs célèbres; je me bornerai à annoncer seulement l'opinion de Vossius (Isaac), et de Liberati (Antonio). Le premier a dit que « de l'ancien chant majestueux il ne reste à peine « qu'une *ombre*, et qu'en comparant sans prévention la « musique ancienne avec la moderne, il faut convenir « ou que les compositeurs modernes sont des igno- « rants, ou que les anciens nous en ont imposé (1). »

Le second (Liberati), dans sa correspondance avec Ovide Persapeggi et Paul Colonna, imprimée à Rome l'an 1685, en parlant de ses contemporains, dit : « Les « compositeurs estimés et applaudis comme les plus « savants de notre temps, sont ceux qui font plus de

---

(1) Hæc ratio, hic modus, hæc denique antiquæ musicæ apud Græcos, et Romanos forma fuit et figura, eaque quamdiu floruit, tamdiu floruit etiam virtus illa excitandis, et sopiendis apta affectibus. Hodiernum vero si spectemus cantum, vere de illo dici possit : « Vix umbra priscæ majestatis in eo superesse... » Si, seposito omni affectu, antiquam musicam cum hodierna committamus, et utriusque consideremus effectus, alterutrum necesse est, ut aut suam hodierni musici agnoscant inscitiam, aut falsa esse evincant ea, quæ de viribus et potestate cantus prodidere plerique veteres. (Voss. Isaac. De Poem. cantu et viribus Rhythmi, p. 75 et 76.)

(46)

« bruit et plus de fracas de voix et d'instruments,
« introduisant de nouvelles modulations baroques,
« sans la moindre distinction de style ni d'église, ni
« de théâtre, ni de salon (1). »

J'allais finir lorsque je me suis rappelé que l'auteur
de la nouvelle méthode croit de bonne foi que la connaissance de la basse fondamentale démontrée par Rameau, a fondé pour la musique une nouvelle ère (2).

Pour faire revenir là-dessus M. Massimino, je pourrai lui citer plusieurs auteurs anciens, qui ont écrit
sur l'harmonie dans toute son étendùe (3). Je pourrai
mettre sous les yeux des connaisseurs le systême de
Tartini, contemporain de Rameau, et sur-tout les
ouvrages théoriques de Zarlino, que Rameau cite à
chaque instant dans les siens; mais pour ne pas fati-
guer davantage le lecteur, qu'il me soit permis seulement de rapporter ici deux faits. L'illustre géomètre
d'Alembert, grand interprète de Rameau, a dit:
« Enfin M. Rameau lui-même, dans ses écrits posté-
« rieurs à ce qu'il appelle démonstration, est con-

---

(1) Quei compositori à tempi nostri sono stimati ed applauditi
per i più valorosi, che fanno piu strepito, e più rumore di voci,
e d'instrumenti, e che fanno sentire nuovi modi sregolati senza
distinzione immaginabile ne di chiesa, ne di teatro, ne di ca-
mera.

(2) Nouv. Méth., p. 2.

(3) Burman (Enrik), directeur de musique à la cathédrale d'Upsal,
publia, en 1715, plusieurs dissertations ; entre autres, celles
« de Basso fundamentali, et de Triade harmonica. »

« venu que, pour certains points de la théorie de
« l'art musical, il avait été obligé d'avoir recours aux
« analogies, et aux convenances, ce qui exclut toute
« idée de démonstration, et fait rentrer la théorie
« de l'art musical donnée par M. Rameau, dans la
« classe qui lui convient, dans celle des probabi-
« lités (1) ».

Le savant Boisgelou, portant la plaisanterie un peu
loin, ayant mené un jour d'été Rameau auprès d'un
marais, où une multitude de grenouilles coassaient;
Rameau, peu satisfait de leur concert, voulut s'en aller;
Boisgelou le retint, en lui disant : « Mon ami, ce chant
« des grenouilles est dans la nature aussi bien que votre
« système de la basse fondamentale. (2) »

Et pour ne pas être taxé de partialité pour les Italiens, j'ajouterai ce que l'abbé Eximène, Espagnol,
en parlant de Tartini, a dit : « Lorsque j'ai ouvert le
« traité de Tartini sur la musique, j'ai cru voir le
« livre d'un sorcier (3).

Mais toutes ces plaisanteries déplacées n'altèrent point
la célébrité des deux grands artistes Rameau et Tartini, qui, par deux chemins opposés, mais in-
génieux, ont contribué beaucoup à l'avancement de
l'art.

---

(1) Élém: de Mus., Disc. Prélim., p. 16, note 6. — Réponse
à une lettre de M. Rameau, à la fin des Éléments.

(2) Dict. des Musiciens, par Fayol (Voy. Rameau.)

(3) Origine della Musica, p. 87.

J'ai donné un plus ample développement à mes idées dans un ouvrage que je publierai incessamment sous le titre de *Grammaire Musicale* dialoguée et raisonnée, concernant les éléments, le chant, et l'harmonie.

FIN.

9 782019 970482